오십에
쓰는
논어

마음으로 읽고
손으로 되새기는
공자의 말 100

최종엽 지음

오십에 쓰는 논어

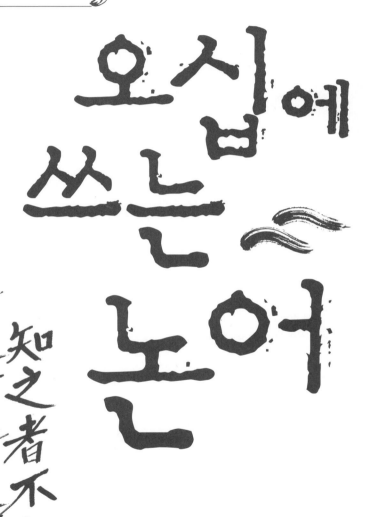

好之者 不如 樂之者

知之者 不如 好之者

유노
라이프
LIFE

_____ 님께

공자의 말을 손으로 써 보며
굽이치는 인생을 다잡는 시간이 되길 바랍니다.

_____ 드림

지천명을 단련시키는
《논어》100수 쓰기

지천명에 시작한 《논어》

오십이 되던 어느 날, 천자문을 읊조리면서 걷다가 인문학을 시작하게 되었습니다. 당시 사무실이 잠실 석촌 호수 근처에 있었는데, 석촌 호수의 풍경은 봄, 여름, 가을, 겨울이 단 하루도 아름답지 않던 날이 없었습니다. 점심을 먹고 그곳을 산책하며 느꼈던 즐거움을 아직도 잊을 수 없습니다. 그때 산책하며 까마득히 잊고 있었던 한자를 되새기는 계기가 되었습니다.

《천자문》은 단지 1,000개의 무미건조한 한자가 아니라 자연, 역사, 인문, 예절, 지역, 사람의 삶이 들어 있는 8글자로 형성된 아름다운 시구입니다. 점심에 산책하는 일이 늘어났고, 그때마다 《천자문》을 익히니 한자를 읽는 일이 편안해졌습니다. 한자가 눈에 들어오자 《논어》가 눈에 들어왔습니다. 두꺼운 《논어》 한 권을 사서 읽었습니다.

지천명에 읽는 《논어》는 새로웠습니다. 한자가 익숙해져서인지 《논어》 명구 하나하나가 다르게 다가왔습니다. 만약 《논어》를 단순히 읽기만 하고 끝냈다면 저에게 《논어》는 다른 책과 마찬가지로 단지 '좋았던 한 권의 책'으로 남았을 것입니다.

《논어》를 읽을 당시, 집 근처의 고덕천을 따라 매일 밤마다 걷기 운동을 했었습니다. 이번에는 《천자문》 대신 《논어》를 한 문장씩 써서 가지고 나갔습니다. 40분 동안 걸으며 《논어》 한 문장을 외우는 데 크게 부담되지 않았습니다. 처음에는 외우기보다 그냥 10번씩 읽는다는 생각으로 반복했습니다. 생각보다 쉽게 외워졌습니다. 다음날 기억이 안 나서 처음부터 다시 외워야 하는 구절도 있었지만, 어차피 밤마다 걸으면서 하는 일이니 반복하면 그만이었습니다.

공허한 오십을 채워준 《논어》 15,691자 쓰기

저는 《논어》를 많이 써 보았습니다. 오십에 《논어》를 쓰면서 느꼈던 울림 때문에 처음부터 끝까지 쓴 경우도 여러 번 있습니다. 10년이 넘도록 꾸준히 쓰다 보니 여러 권의 필사본이 만들어졌습니다. 한 자, 한 자 꾹꾹 눌러 200자 원고지에 써 보니 《논어》는 15,691자라는 사실을 알게 되었습니다. A4 용지 한 장에 《논어》 어구를 하나씩 쓰고 나니 약 500여 장이 되었습니다. 붓글씨에 자신이 없어 나무젓가락에 먹을 묻혀 쓰기도 했습니다.

이제는 나무젓가락과 먹만 있으면 어떤 종이에든 틀리지 않고 원문 쓰기가 가능합니다. 비단으로 된 비싼 노트에 틀리지 않고 쓸 만큼 말이지요. 나무젓가락으로 쓴 《논어》 필사본은 강의할 때 PPT 자료로 만들어 사용하기도 합니다.

나무젓가락으로 쓴 《논어》 원문. 왼쪽부터 〈위정〉 13장, 〈옹야〉 18장, 〈옹야〉 16장, 〈위령공〉 11장

오십에 《논어》를 읽는 것도 좋았지만 쓰는 것도 좋았습니다. 《논어》를 한 자씩 쓸 때는 공자의 말이 제 안에 깊이 들어오는 듯한 느낌을 받았습니다. 이전에 집필했던 《오십에 읽는 논어》 역시 《논어》를 쓰면서 작게나마 제 삶에 적용했기에 나올 수 있었습니다.

《오십에 읽는 논어》를 읽고, 《오십에 쓰는 논어》를 손으로 직접 써 보며 실천의 삶에 더 다가가길 권해봅니다. 누구나 한자를 처음 쓰려면 어색하리라 생각합니다. 저도 처음에는 한자 쓰기가 무척 어색했지만 계속해 보니 조금씩 자연스러워졌습니다. 딱 한 문장만 끝까지 완벽하게 써 보자는 생각으로 시작하면 됩니다. 《논어》 한 구절을 쓰면서 의미를 생각하고, 하루에 하나씩 써 보면 좋을 듯합니다.

오십의 공허를 《논어》로 빗대어 성찰해 보면 흔들리는 삶의 균형점을 찾게 될지도 모릅니다. 한 단계 더 성숙한 삶을 찾아가는 용기를 얻게 될지도 모릅니다. 어쩌면 이 《오십에 쓰는 논어》가 또 하나의 희망이 될지도 모릅니다. 쓰기가 그 시작입니다.

인생은 습(習)의 결과

사람의 본성이나 천성은 사실 크게 다르지 않습니다. 하지만 인생을 살다 보면 어떤 사람은 잘살고 어떤 사람은 못살게 되는데, 공자는 그 이유가 사람의 본성이나 천성, 또는 가지고 태어나는 것에 있지 않고 사람의 습(習)에 있다 했습니다.

性相近也 習相遠也
성 상 근 야 습 상 원 야

본성은 서로 비슷하지만 반복함에 따라 서로 멀어진다

연습, 복습, 학습, 꾸준한 반복에 있다고 했으니 이 얼마나 다행스러운 일입니까? 공자께서 만약 그 원인이 아버지의 재력, 학력, 미모에 있다고 했다면 보통의 많은 사람들은 얼마나 억울하겠습니까?

지금까지의 삶이 마음에 들지 않았다면 그것은 '습' 때문입니다. 5년 후의 삶이 마음에 든다면 그것 역시 지금부터의 '습' 때문일 것입니다. 《논어》 필사는 반복하며 무르익는 삶의 시작점이 될 것입니다.

• 목차

1강
오십의 공허함을 채우는 시간 _공허

2강
삶의 깊이를 더하는 필사의 힘 _성찰

3강
흔들리는 오십을 다잡는 한 줄 _균형

4강
인생이 보이기 시작할 때 쓸 것 _성숙

5강
꾸준한 필사가 기적을 만든다 _용기

오십의 공허함을
채우는 시간

공허
空虛

힘들지 않은 세대가 없듯 오십, 지천명의 세대 역시 마찬가지입니다. 인생 오십 즈음에 공
허함을 느끼는 이유는 무언가 조금 더 채우고 싶은 마음 때문인지 모릅니다. 비움을 안다
는 것은 더 채울 수 있는 공간을 찾았다는 의미이기도 합니다. 오십의 공허함은 빠르지도
늦지도 않아 다행입니다. 인생을 미처 알기도 전에 느끼는 공허함은 사치일 수 있고, 인생
말년에 느끼는 공허함은 채우기가 어렵기에 그렇습니다. 오십은 한 번 더 시작하기에 그
리 늦지 않은 나이입니다.

공자께서 유좌(宥坐)라는 그릇에 대해서 말씀하신 적이 있습니다. 유좌란 비우면 기울어
지고, 알맞으면 바로 서고, 가득 차면 엎어지는 그릇입니다. 옛사람들은 이 그릇을 옆에
두고 교훈으로 삼기도 했습니다. 비움이 없으면 채워넣기도, 바꾸기도, 덜어내기도 어렵
습니다. 그러니 적다 싶으면 채우고, 마음에 들지 않으면 바꾸어 넣고, 많다 싶으면 조금
씩 덜어내는 오십이 되었으면 합니다.

오십에는 무엇을 더 채워야 할까요? 무엇을 바꾸어야 할까요? 무엇을 조금 덜어내야 할
까요? 지금까지 수많은 사람들이 《논어》에서 답을 찾았습니다. 정치를 하는 사람들은 바
른 정치를, 사람을 상대하는 사람들은 사람의 마음을 얻는 지혜를, 인생이 궁금한 사람들
은 인생의 깊이와 넓이를 《논어》에서 배웠습니다. 《논어》를 읽고, 쓰고, 실천하면서 그 길
을 찾았습니다.

가려진 나의 길을 찾아야 할 때

子曰 吾十有五而志于學 三十
자 왈 오 십 유 오 이 지 우 학 삼 십

而立 四十而不惑 五十而知天
이 립 사 십 이 불 혹 오 십 이 지 천

命 六十而耳順 七十而從心所
명 육 십 이 이 순 칠 십 이 종 심 소

欲不踰矩
욕 불 유 구

- <위정> 4장

惑(미혹할 혹): 현혹시키다, 의심하다 踰(넘을 유): 넘다, 멀다 矩(곱자 구): ㄱ모양의 자, 법도

공자께서 말씀하셨다. "나는 열다섯에 학문에 뜻을 두었고, 서른에 확고하게 섰으며, 마흔에 의혹이 없었고, 쉰에 천명을 알았으며, 예순에 귀가 순해졌고, 일흔에 마음 내키는 대로 해도 법도를 넘지 않았다."

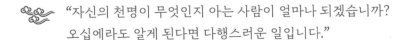

"자신의 천명이 무엇인지 아는 사람이 얼마나 되겠습니까?
오십에라도 알게 된다면 다행스러운 일입니다."

子曰 吾十有五而志于學 三十
而立 四十而不惑 五十而知天
命 六十而耳順 七十而從心所
欲不踰矩

오십의 미움에서 벗어나는 길

子曰 年四十而見惡焉 其終也
자왈 연사십이견오언 기종야

已
이

見(볼 견/뵈올 현): 보다 / 자신을 윗사람에게 보이다, 드러내다 惡(악할 악 / 미워할 오): 악하다, 더러움 / 미워하다, 부끄러워하다, 비방하다

공자께서 말씀하셨다. "나이 사십에 미움을 보인다면 그것은 이미 끝난 것이다."

 "마흔이 다 지나기 전에 미움받는 일을 수습해야 합니다.
그래야 오십이 되고 육십이 되었을 때
어른다운 어른으로 인정받을 수 있습니다."

子曰 年四十而見惡焉 其終也
已

가까운 사람과 먼저 화목해지는 일

葉公問政 子曰 近者說 遠者來
섭 공 문 정 자 왈 근 자 열 원 자 래

- <자로> 16장

葉(잎 엽/땅 이름 섭): 나라 이름이나 지명으로 읽을 때는 섭이라고 읽는다. 說(말씀 설/기뻐할 열): 말씀,
말, 생각, 말하다/기쁘다, 즐기다

섭공이 정치에 관해 물었을 때 공자께서 말씀하셨다. "가까이 있는 사람은 기뻐하
고, 먼 곳의 사람은 찾아오게 하는 것이다."

 "오십이 넘으면 가화만사성이 더 중요하다는 사실을 깨닫습니다.
가장 먼저 배우자와 화목하고, 아이들과 문제가 없어야 합니다.
부모님의 사랑과 형제자매들의 우애가 있어야 합니다."

葉公問政 子曰 近者說 遠者來

오십에 극복해야 할 건강의 위기

色惡不食 臭惡不食 失飪不食
색 악 불 식　취 악 불 식　실 임 불 식

不時不食
불 시 불 식

- <향당> 8장

食(밥 식, 먹을 식): 밥, 음식, 제사, 벌이, 생계, 먹다, 먹이다 飪(익힐 임): 익히다, 삶다, 잘 익은 음식

색과 냄새가 좋지 않거나 익히지 않은 건 먹지 않았고, 때가 아니면 먹지 않았다.

 "오십이 넘어서도 건강을 유지하며 한 분야에 획을 그을 수 있다면
그만큼 가치 있는 일도 없을 것입니다."

色惡不食 臭惡不食 失飪不食
不時不食

효는 일상의 문제이자 마음의 문제

孟武伯問孝 子曰 父母唯其疾
맹 무 백 문 효　자 왈　부 모 유 기 질

之憂
지　우

- <위정> 6장

伯(맏 백): 맏이, 장남, 큰아버지 唯(오직 유): 오직, 다만, 비록 疾(병 질) 병, 아픔, 빨리, 괴로워하다 憂(근심
우): 근심, 걱정하다

맹무백이 효에 관하여 여쭤 보자 공자께서 말씀하셨다. "부모는 오직 자식이 병들
지 않을까 그것만을 걱정한다."

 "예나 지금이나 부모는 자식 건강이 첫 번째입니다.
자식이 뛰어난 것도, 잘난 것도 모두 그다음입니다."

孟武伯問孝 子曰 父母唯其疾
之憂

서두르지 말고 작은 이익을 돌보지 마라

子曰 無欲速 無見小利 欲速則
자 왈 무 욕 속 무 견 소 리 욕 속 즉

不達 見小利則大事不成
부 달 견 소 리 즉 대 사 불 성

- <자로> 17장

速(빠를 속): 빠르다, 속히

공자께서 말씀하셨다. "빨리하려고만 하지 말고, 작은 이익을 보려고 하지 마라. 빨리하려고 하면 달성하지 못하고, 작은 이익을 보다 보면 큰일을 이루지 못한다."

 "오십, 이제 방향을 고민해 봅니다. 숨 막히게 달려온 경쟁의 시간, 속도를 줄이고 인생 후반의 목표를 생각해 봅니다."

子曰 無欲速 無見小利 欲速則
不達 見小利則大事不成

모두가 똑같은 곳에 도달할 순 없다

子曰 可與共學 未可與適道 可
자 왈 가 여 공 학 미 가 여 적 도 가

與適道 未可與立 可與立 未可
여 적 도 미 가 여 립 가 여 립 미 가

與權
여 권

- <자한> 29장

適(갈 적): 가다, 이르다, 알맞다 權(권세 권): 권세, 권력, 저울추, 저울질하다, 계량하다

공자께서 말씀하셨다. "함께 배울 수는 있지만 모두 도를 행하는 데로 나아갈 수는 없으며, 함께 도로 나아갈 수는 있어도 모두 설 수는 없으며, 함께 설 수는 있어도 모두 권도를 행할 수는 없다."

 "인생이 모두 똑같을 수는 없습니다. 어떤 위치에서든 어떤 가치를 만들고자 노력하는 삶이 의미 있고, 아름다운 인생입니다."

子曰 可與共學 未可與適道 可
與適道 未可與立 可與立 未可
與權

가야 할 길을 알고 일관되게 걷는다

子曰 參乎 吾道一以貫之 曾子
자 왈 삼 호 오 도 일 이 관 지 증 자

曰 唯 子出 門人問曰 何謂也
왈 유 자 출 문 인 문 왈 하 위 야

曾子曰 夫子之道 忠恕而已矣
증 자 왈 부 자 지 도 충 서 이 이 의

- <이인> 15장

貫(꿸 관): 관통하다, 꿰다　而已矣(이이의): ~할 따름이다, ~일 뿐이다

공자께서 말씀하셨다. "삼아! 나의 도는 하나로 관통되어 있다"고 하자 증자가 "네"라고 답했다. 공자가 나가자 문인들이 물었다. "무슨 뜻이지요?" 증자가 말했다. "선생님의 도는 충서일 뿐이다."

 "누구나 50여 년 살다 보면 뒤를 돌아보게 됩니다.
세상의 흐름에 흔들리지 않고 내가 가야 할 길을 지금까지
일관되게 걸어가는 선택이 중요합니다."

子曰 參乎 吾道一以貫之 曾子
曰 唯 子出 門人問曰 何謂也
曾子曰 夫子之道 忠恕而已矣

공자의 제자 자하가 '거보'라는 지역의 읍재가 되어 공자에게 정치에 관하여 물었을 때, 공자는 정치란 빨리빨리 하는 것만이 능사가 아니며 작은 이익에 눈을 돌려서는 안 된다고 했습니다. 그 이유는 아주 명료합니다. 빨리하려고 하면 목표를 달성하겠지만 원래의 목적을 충분히 달성하지 못하는 경우가 많으며, 작은 이익을 돌보게 되면 큰일을 달성하기가 어려워지기 때문입니다.

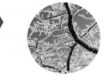

오십, 이제 방향을 고민해 봅니다. 숨 막히게 달려온 경쟁의 시간, 속도를 줄이고 인생 후반의 목표를 생각해 봅니다. 오십에 명예퇴직을 받아들이는 일은 쉽지 않지만, 생각해 보면 인생이 꺾일 만큼 치명적인 일은 아닙니다. 크고 작은 상실감을 가져올 수는 있지만, 새로운 도전을 꺾을 만큼 강력하진 않습니다.

- 《오십에 읽는 논어》 중에서

꽃을 피웠으면 열매를 맺어 보자

子曰 苗而不秀者 有矣夫 秀而
자 왈 묘 이 불 수 자 유 의 부 수 이

不實者 有矣夫
불 실 자 유 의 부

- <자한> 21장

苗(모 묘): 모, 싹 秀(빼어날 수): 빼어나다, 꽃이 피다, 무성하다

공자께서 말씀하셨다. "싹은 트였으나 꽃을 피우지 못하는 경우가 있고, 꽃은 피웠으나 열매 맺지 못하는 경우도 있다!"

 "인생의 열매를 맺기 위해서는 비에 젖고 바람에 흔들리면서도 많은 것을 감내하고 이겨 내야 합니다."

子曰 苗而不秀者 有矣夫 秀而
不實者 有矣夫

나부터 바로 서고 행동하라

子貢問君子 子曰 先行其言 而
자 공 문 군 자　자 왈　선 행 기 언　이

後從之
후 종 지

- <위정> 13장

貢(바칠 공): 바치다, 공물 從(좇을 종): 뒤따르다, 좇다, 나아가다 之(갈 지): 가다, 이것, 그것, 그 사람이라는 대명사

자공이 군자에 관하여 여쭤 보자 공자께서 말씀하셨다. "먼저 자신의 말을 스스로 실행하고 그다음에 타인으로 하여금 자기를 따르게 하는 것이다."

 "오십은 전략과 말이 아닌 전술과 행동이 필요한 시기입니다.
목표를 선택하는 기술을 통해 미래의 강점을 선택하고,
강점을 강화하는 구체적인 전술을 통해 실천해 가야 합니다."

子貢問君子 子曰 先行其言 而
後從之

오십을 채워 줄 논어 한 줄

•11수

子曰 父母之年 不可不知也 一則以喜 一則以
자왈 부모지년 불가부지야 일즉이희 일즉이

懼
구

- <이인> 21장

공자께서 말씀하셨다. "부모의 연세는 반드시 알아야 한다. 한편으로는 기쁘고 한편으로는 두려운 것이기 때문이다."

子曰 父母之年 不可不知也 一則以喜 一則以

懼

•12수

子曰 弟子入則孝 出則弟 謹而信 汎愛衆 而親
자왈 제자입즉효 출즉제 근이신 범애중 이친

仁 行有餘力 則以學文
인 행유여력 즉이학문

- <학이> 6장

공자께서 말씀하셨다. "제자가 집에 들어가서는 효도하고 밖에 나와서는 공손하며, 행실을 삼가고 말을 성실하게 하며, 널리 사람을 사랑하되 어진 사람과 가까이 해야 한다. 이렇게 하고 여력이 있으면 글을 배워야 한다."

子曰 弟子入則孝 出則弟 謹而信 汎愛衆 而親
仁 行有餘力 則以學文

• 13수

子曰 古之學者爲己 今之學者爲人
자 왈 고 지 학 자 위 기 금 지 학 자 위 인

- <헌문> 25장

공자께서 말씀하였다. "옛날 학자들은 자신을 위한 학문을 하였는데, 요즘 학자들은 남을 위한 학문을 한다."

子曰 古之學者爲己 今之學者爲人

子曰 賢者辟世 其次辟地 其次辟色 其次辟言
자왈 현자피세 기차피지 기차피색 기차피언

- <헌문> 39장

공자께서 말씀하셨다. "현명한 사람은 혼란한 세상을 피하고, 그다음은 어지러운 지역을 피하고, 그다음은 무례한 사람을 피하고, 그다음은 나쁜 말을 피한다."

子曰 賢者辟世 其次辟地 其次辟色 其次辟言

有子曰 君子務本 本立而道生 孝弟也者 其爲
유자왈 군자무본 본립이도생 효제야자 기위
仁之本與
인지본여

- <학이> 2장

유자가 말했다. "군자는 근본에 힘을 써야 하니, 근본이 제대로 서야 도가 생기는 법이다. 효도와 우애는 인을 행하는 근본이리라."

有子曰 君子務本 本立而道生 孝弟也者 其爲
仁之本與

•16수

子游問孝 子曰 今之孝者 是謂能養 至於犬馬
자 유 문 효 자 왈 금 지 효 자 시 위 능 양 지 어 견 마
皆能有養 不敬 何以別乎
개 능 유 양 불 경 하 이 별 호

- <위정> 7장

자유가 효에 관해 물었다. 공자께서 말씀하셨다. "지금의 효는 단지 봉양을 잘하는 것을 말한다. 그런데 개나 말에게도 모두 먹이를 주고 있는 바 공경하는 마음이 없다면 개나 말과 어떻게 구별을 하겠는가?"

子游問孝 子曰 今之孝者 是謂能養 至於犬馬
皆能有養 不敬 何以別乎

子不語 怪力亂神
자 불 어 괴 력 난 신

- <술이> 20장

공자께서는 괴이한 일, 무력을 쓰는 일, 어지러운 일, 귀신에 관한 일은 말씀하지 않으셨다.

子不語 怪力亂神

子在川上曰 逝者如斯夫 不舍晝夜
자 재 천 상 왈 서 자 여 사 부 불 사 주 야

- <자한>16장

공자께서 냇가에서 말씀하셨다. "가는 것이 이와 같구나. 밤낮으로 쉬질 않는구나."

子在川上曰 逝者如斯夫 不舍晝夜

子曰 歲寒然後 知松柏之後彫也
자 왈 세 한 연 후 지 송 백 지 후 조 야

- <자한> 27장

공자께서 말씀하셨다. "날씨가 추워진 뒤에야 소나무와 잣나무가 뒤늦게 시듦을 알 수 있다."

子曰 歲寒然後 知松柏之後彫也

子路有聞 未之能行 唯恐有聞
자 로 유 문 미 지 능 행 유 공 유 문

- <공야장> 13장

자로는 가르침을 듣고 그것을 실천하기 전에, 또 다른 가르침을 듣는 것을 두려워했다.

子路有聞 未之能行 唯恐有聞

삶의 깊이를
더하는 필사의 힘

성찰
省察

살필 성(省) 살필 찰(察), 성찰은 살피고 또 살핀다는 뜻입니다. 오십은 인생을 성찰하기에 아주 적절한 나이입니다. 빠르지도 늦지도 않은 나이, 오십은 지금까지의 삶을 되돌아보고 또 앞으로의 삶을 계획해 보기에 적절한 때입니다.

혹여 지금까지의 선택, 과정, 생각, 삶이 후회스럽다면 그 이유가 선택에 있었는지, 과정에 있었는지, 아니면 생각 때문이었는지를 살펴보아야 합니다. 어떤 원칙으로 선택하여, 어떤 기준으로 과정을 끌어왔는지, 혹시 소극적이거나 부정적인 생각을 하지는 않았는지 점검해 보아야 합니다.

55세는 30세와 80세의 중간입니다. 55세는 인생을 정리하는 시점이 아니라, 후반 25년을 새롭게 꾸며갈 시작점입니다. 지난 25년의 삶이 힘들었다면 앞으로의 25년은 덜 힘들게 살아야 합니다. 지난 25년의 삶이 재미없었다면 앞으로의 25년은 조금 더 재미있는 삶이 되어야 합니다.

어떻게 해야 삶을 조금이라도 더 재미있고, 쉽고, 유익하게 만들 수 있을까요? 모두에게 합당한 그런 정답은 어디에도 존재하지 않지만, 우리는 가끔 고전 속에서 그런 삶의 노하우를 접하게 됩니다. 고전 중의 고전으로 손꼽히는 《논어》를 쓰면서 깊이 생각해 본다면 지금까지와는 전혀 다른 《논어》가 될 것입니다. 쓰는 속도로 생각하고, 생각하는 속도로 다시 쓰면서 《논어》가 주는 성찰과 묘미를 느껴보면 좋겠습니다.

오십에는 나에게서 찾아야 한다

子曰 君子求諸己 小人求諸人
자 왈 군 자 구 저 기 소 인 구 저 인

- <위령공> 20장

君(임금 군): 임금, 지도자　子(아들 자): 아들 자, 존칭하는 말

공자께서 말씀하셨다. "군자는 자기에게서 찾고, 소인은 남에게서 찾는다."

 "오늘 남의 핑계를 대고 원망하며 산다면, 내일의 나는 기대하기
어렵습니다. 오십이 되어서도 남을 향한 핑계와 원망을
입에 달고 산다면 칠십이 되어서도 마찬가지입니다."

子曰 君子求諸己 小人求諸人

내 삶의 리더가 되는 세 가지 방법

子曰 學而時習之 不亦說乎 有
자 왈 학 이 시 습 지 불 역 열 호 유

朋自遠方來 不亦樂乎 人不知
붕 자 원 방 래 불 역 락 호 인 부 지

而不慍 不亦君子乎
이 불 온 불 역 군 자 호

- <학이> 1장

而(말 이을 이): 말을 잇다, 그리고, ~하면서 習(익힐 습): 익히다 乎(어조사 호): ~인가?, ~로 구나

공자께서 말씀하셨다. "배우고 때때로 익히니 기쁘지 아니한가. 친구가 먼 곳에서 오니 즐겁지 아니한가. 남이 알아주지 않아도 서운해하지 아니하니 군자가 아니겠는가."

 "자신과 조직의 목표를 위해 흔들림이 없고, 노여워하거나 서운해하지 않는 건강한 마음, 일희일비하지 않고 흔들림 없이 사람을 품어 주는 그런 사람이 진정한 리더입니다."

子曰 學而時習之 不亦說乎 有
朋自遠方來 不亦樂乎 人不知
而不慍 不亦君子乎

어찌해야 할까, 심사숙고하는 힘

子曰 不曰如之何 如之何者 吾
자 왈 불 왈 여 지 하　　　여 지 하 자　　오

未如之何也已矣
말 여 지 하 야 이 의

- <위령공> 15장

之(갈 지): 가다, 그것, ~의 何(어찌 하): 어찌, 무엇, 얼마 未(끝 말): 끝, 마침내, 없다

공자께서 말씀하셨다. "어떻게 할까, 어떻게 할까라고 스스로 말하지 않는 사람은 나도 이미 어찌할 수가 없다."

"스스로 궁리하지 않는 사람은 아무리 좋은 곳에 있다 해도
좋은 결과를 얻기 어렵습니다. 인생 후반전도 스스로 주어질 시간을
어떻게 사용하느냐가 더 중요합니다."

子曰 不曰如之何 如之何者 吾
末如之何也已矣

스스로 정한 원칙을 지키는 삶

子曰 觚不觚 觚哉 觚哉
자 왈 고 불 고 고 재 고 재

- <옹야> 23장

觚(술잔 고): 술잔, 귀퉁이, 네모 哉(비롯할 재/어조사 재): 비롯하다/어조사, 처음

공자께서 말씀하셨다. "고가 고가 아니면 고이겠는가, 고이겠는가."

 "절주 節酒를 위한 고觚라는 술잔으로도 절주를 하지 못 한다면,
그것이 제 기능을 못 한다는 뜻입니다.
스스로 정한 원칙을 지키는 삶이 아름답고 행복한 삶입니다."

子曰 觚不觚 觚哉 觚哉

소명을 알고 예를 알고 말을 안다는 것

子曰 不知命 無以爲君子也 不
자왈 부지명 무이위군자야 부

知禮 無以立也 不知言 無以知
지례 무이립야 부지언 무이지

人也
인야

- <요왈> 3장

無以(무이): 할 수 없다, 관계없다　爲(할 위): 되다

공자께서 말씀하셨다. "명을 알지 못하면 군자가 될 수 없다. 예를 알지 못하면 일어설 수 없다. 말을 알지 못하면 사람을 알 수 없다."

 "오십에는 목적 있는 삶, 바르게 사는 삶,
함께하는 삶이 의미 있게 다가옵니다."

子曰 不知命 無以爲君子也 不
知禮 無以立也 不知言 無以知
人也

단 하루를 살아도 사람답게 산다

子曰 朝聞道 夕死可矣
자 왈 조 문 도 석 사 가 의

- <이인> 8장

朝(아침 조): 아침, 처음, 시작의 때, 뵙다, 알현하다 聞(들을 문): 듣다, 삼가 받다, 가르침을 받다, 알다, 널리 견문하다, 들려주다, 찾다

공자께서 말씀하셨다. "아침에 도를 들으면 저녁에 죽어도 좋다."

 "미지근하게 사는 삶은 백날을 살아도 개운하지 않습니다.
오십에 내가 하고 싶은 일을 하면서 열정적으로 살아간다면
이보다 더 멋진 일은 없을 것입니다."

子曰 朝聞道 夕死可矣

지금까지의 삶이 마음에 들지 않는다면 대답해야 합니다. 과연 그 원인이 나였는지 아니면 타인이나 외부 조건에 있었는지 말입니다.

지금 누군가를 원망하고 있다면 타인에게서 원인을 찾고 싶기 때문입니다. 부모든, 형제든, 상사든, 친구든 마찬가지입니다. 지금 누구 때문이라는 핑계를 대고 싶다면 약해졌다는 걸 의미합니다. 역시 부모든, 형제든, 상사든, 친구든 마찬가지입니다.

오늘 핑계와 원망을 기준으로 일을 하고 있다면, 내일의 나는 기대하기 어렵습니다. 오늘 핑계와 원망을 기준으로 사람을 대하고 있다면, 내일의 발전된 나를 기대하기 어렵습니다.

오십이 되어서도 핑계와 원망을 입에 달고 산다면 칠십이 되어서도 마찬가지입니다. 내가 누구를 탓하겠습니까? 스스로를 탓하지 않고 어떻게 변화가 일어날까요?

- 《오십에 읽는 논어》 중에서

옛것을 익혀 새로운 것을 아는 법

子曰 溫故而知新 可以爲師矣
자 왈 온 고 이 지 신 가 이 위 사 의

- <위정> 11장

溫(따뜻할 온): 따뜻하다, 온화하다, 익히다, 복습하다 可以(가이): 할 수 있다

공자께서 말씀하셨다. "옛것을 익혀 새로운 것을 알게 되면, 스승이 될 수 있을 것이다."

 "지금까지 세상을 빛나게 했던 찬란한 성과는 모두 입지立志와 온고溫故의 과정을 통해 만들어졌습니다. 옛것을 익혀 새로운 것을 알면 리더가 될 수 있습니다."

子曰 溫故而知新 可以爲師矣

아는 것과 모르는 것을 구분해야 할 때

子曰 由 誨女知之乎 知之爲知
자 왈 유 회 여 지 지 호 지 지 위 지

之 不知爲不知 是知也
지 부 지 위 부 지 시 지 야

- <위정> 17장

誨(가르칠 회): 가르치다 女(여자 여): '너'를 뜻한다. 汝(너 여)와 같다.

공자께서 말씀하셨다. "유야! 너에게 안다는 것이 무엇인지 알려 주마. 아는 것을 안다고 하고, 모르는 것을 모른다고 하는 것이 진정 아는 것이다."

 "잘 알고 있으면서도 자신의 이익을 위해 모른 척하는 경우,
잘 모르면서도 체면과 허세 때문에 아는 체하는 경우가 있습니다.
그 거짓의 피해가 많은 사람에게 영향을 준다면 큰 문제입니다."

子曰 由 誨女知之乎 知之爲知
之 不知爲不知 是知也

오십에 근심이 들이닥치지 않으려면

子曰 德之不修 學之不講 聞義
자 왈 덕 지 불 수 학 지 불 강 문 의

不能徙 不善不能改 是吾憂也
불 능 사 불 선 불 능 개 시 오 우 야

- <술이> 3장

脩(포 수): 포, 닦다, 힘쓰다, 수양하다 講(강론할 강): 강론하다, 검토하고 연구하다, 익히다 徙(옮길 사): 옮기다, 새로워지다, 넘기다

공자께서 말씀하셨다. "덕을 닦지 못한 것, 학문을 강구하지 못한 것, 의를 듣고 실천하지 못하는 것, 불선을 고치지 못하는 것이 나의 근심이다."

 "오십이 되어도 교양 없는 사람, 책을 멀리하는 사람,
보고 들어도 변하지 않는 사람, 잘못된 행동을 고치지 않는 사람이
바로 공자가 걱정하는 사람입니다."

子曰 德之不修 學之不講 聞義
不能徙 不善不能改 是吾憂也

사익을 따를 것인가, 공리를 따를 것인가

子曰 放於利而行 多怨
자 왈 방 어 리 이 행 다 원

- <이인> 12장

放(놓을 방): 따르다, 내놓다, 석방하다, 널리 펴다, 향하여 좇다, 의지하다   於(어조사 어): ~에, ~에서, ~에게

공자께서 말씀하셨다. "이익에 따라 행동하면 원망이 많아진다."

 "함께 사는 세상의 법칙은 조금 달라야 합니다.
이익만을 따라가다 보면 결국 원망이 많아집니다."

子曰 放於利而行 多怨

오십을 채워 줄 논어 한 줄

• 31수 ────────────────

子曰 朽木不可雕也 糞土之墙不可杇也
자 왈 후 목 불 가 조 야 분 토 지 장 불 가 오 야

- <공야장> 9장

공자께서 말씀하셨다. "썩은 나무에는 조각할 수 없으며, 썩은 흙으로 쌓은 담장은 흙손질을 할 수 없다."

子曰 朽木不可雕也 糞土之墙不可杇也

• 32수 ────────────────

子曰 述而不作 信而好古 竊比於我老彭
자 왈 술 이 부 작 신 이 호 고 절 비 어 아 노 팽

- <술이> 1장

공자께서 말씀하셨다. "전하여 설명할 뿐 지어내지 않으며, 옛것을 믿고 좋아하니, 남몰래 노팽과 비교해 본다."

子曰 述而不作 信而好古 竊比於我老彭

• 33수

子曰 默而識之 學而不厭 誨人不倦 何有於我
자 왈 묵 이 식 지 학 이 불 염 회 인 불 권 하 유 어 아

哉
제

- <술이> 2장

공자께서 말씀하셨다. "말없이 속으로 깨닫고, 배우는 데 싫어하지 않으며 사람 가르치기를 게을리 하지 않는 것, 이중에 어느 것이 나에게 있겠는가."

子曰 默而識之 學而不厭 誨人不倦 何有於我
哉

子曰 君子病無能焉 不病人之不己知也
자 왈 군 자 병 무 능 언 불 병 인 지 불 기 지 야

- <위령공> 18장

공자께서 말씀하셨다. "군자는 자신의 능력이 없음을 병으로 여기고, 남이 자신을 알아주지 못함을 병으로 여기지 않는다."

子曰 君子病無能焉 不病人之不己知也

子曰 人能弘道 非道弘人
자 왈 인 능 홍 도 비 도 홍 인

- <위령공> 28장

공자께서 말씀하셨다. "사람이 인간의 길을 넓히는 것이요, 길이 사람의 인생을 넓히는 것이 아니다."

子曰 人能弘道 非道弘人

子曰 人而不仁 如禮何 人而不仁 如樂何
자 왈 인 이 불 인 여 례 하 인 이 불 인 여 악 하

- <팔일> 3장

공자께서 말씀하셨다. "사람으로서 어질지 못하면 예의가 있다 한들 무엇하겠는가, 사람으로서
어질지 못하면 음악을 한들 무엇하겠는가."

子曰 人而不仁 如禮何 人而不仁 如樂何

曾子曰 吾日三省吾身 爲人謀而不忠乎 與朋友
증 자 왈 오 일 삼 성 오 신 위 인 모 이 불 충 호 여 붕 우

交而不信乎 傳不習乎
교 이 불 신 호 전 불 습 호

- <학이> 4장

증자가 말했다. "매일 나는 세 가지로 나 자신을 반성한다. 남을 위해 일을 도모함에 충실하였는
가. 친구와 사귐에 신의를 저버리지는 않았는가. 배운 것을 열심히 익혔는가."

曾子曰 吾日三省吾身 爲人謀而不忠乎 與朋友
交而不信乎 傳不習乎

子貢曰 夫子溫良恭儉讓以得之
자 공 왈 부 자 온 량 공 검 양 이 득 지

- <학이> 10장

자공이 말했다. "스승님께서는 온화하고 선량하고 공손하고 검소하고 겸양하는 덕이 있어 그것을 얻으셨다."

子貢曰 夫子溫良恭儉讓以得之

子曰 視其所以 觀其所由 察其所安 人焉廋哉
자 왈 시 기 소 이 관 기 소 유 찰 기 소 안 인 언 수 재
人焉廋哉
인 언 수 재

- <위정> 10장

공자께서 말씀하셨다. "행하는 것을 보고, 행하는 의도를 살피며, 무엇에 편안해하는지를 살펴보면 사람이 어찌 속마음을 숨길 수 있겠는가. 어떻게 속마음을 숨길 수 있겠는가."

子曰 視其所以 觀其所由 察其所安 人焉廋哉
人焉廋哉

•40수

子曰 夫仁者 己欲立而立人 己欲達而達人
자 왈 부 인 자 기 욕 립 이 립 인 기 욕 달 이 달 인

- <옹야> 28장

공자께서 말씀하셨다. "인자는 자기가 서고 싶으면 남을 세워 주고, 자기가 달성하고 싶으면 남을 달성하게 한다."

子曰 夫仁者 己欲立而立人 己欲達而達人

흔들리는 오십을
다잡는 한 줄

균형
均衡

《논어》의 첫 문장은 學而時習之不亦說乎(학이시습지불역열호)로 시작합니다. '배우고 익히면 또한 기쁘지 아니한가?'라는 뜻입니다. 공부에도 학습에도 균형이 필요합니다. 읽으며 배움(學)이 시작되고, 쓰면서 익힘(習)이 시작됩니다. 배움은 익힘을 통해 실행으로 이어집니다. 그러니 배움의 결과는 실행과 실천에 있습니다.

배움이 많아도 익힘이 적으면 배움만으로 끝나는 경우가 많습니다. 많이 알아도 제대로 익히지 못한다면 배움을 실행에 옮기기에 어려움이 생깁니다. 그러니 제대로 배우기 위해서는 익힘의 과정을 무시해서는 안 됩니다. 학습의 익힘은 쓰기로부터 시작합니다. 복습, 연습, 학습은 모두 쓰기가 바탕이 됩니다. 읽고 쓰고, 쓰고 또 쓰는 일이 바로 학습, 복습, 연습입니다. 논어도 마찬가지입니다.

사람은 내면이 중요할까요? 외면이 중요할까요? 다 중요합니다. 그런데 머리가 좋으면 마음이 그만큼 따르지 못하고, 마음이 선하면 머리가 그만큼 따르지 못하는 경우가 많습니다.

오십의 삶의 균형은 어디에서 시작될까요? 무엇을 기준으로 삼아야 기울지 않는 삶이 가능할까요? 기준이 있어야 균형이 잡히고, 균형이 잡혀야 흔들림이 없게 됩니다. 오십의 기준, 오십의 균형, 흔들리는 오십을 다잡아 주는 힘이 바로 균형 감각이 아닐까라는 생각이 듭니다. 《논어》를 쓰다 보면 균형 감각을 체득할 수 있습니다.

꾸밈과 바탕이 모두 좋아야 명품이다

子曰 文質彬彬 然後君子
자 왈 문 질 빈 빈 연 후 군 자

- <옹야> 16장

彬(빛날 빈): 빛나다, 아름답고 성하다, 밝다 彬彬(빈빈): 소박하지도 않고 너무 화려하지도 않은 조화가 이루어져 아름다운 모양

공자께서 말씀하셨다. "꾸밈과 바탕이 조화를 이룬 뒤에야 군자라고 할 수 있다."

 "자신의 실력을 믿고 무례와 오만을 일삼는 자가 있는가 하면,
외모의 화려함을 내면이 받쳐 주지 못하는 자도 있습니다.
사람은 내면의 아름다움에 적절한 외면을 갖춰야 진짜 리더입니다."

子曰 文質彬彬 然後君子

꺾이지 않을 꿈과 흔들리지 않는 뜻

子曰 三軍可奪帥也 匹夫不可
자 왈 삼 군 가 탈 수 야 필 부 불 가

奪志也
탈 지 야

- <자한> 25장

帥(장수 수): 장수, '거느리다'는 뜻으로 쓰일 때는 '솔'로 읽는다 匹夫(필부): 평범한 한 사람

공자께서 말씀하셨다. "삼군을 통솔하는 장수는 빼앗을 수 있으나, 필부에게서 그 뜻은 빼앗을 수 없다."

 "간절한 뜻을 지닌 사람은 돈이나 출세에 마음을 빼앗기지 않고,
가난하다고 해서 뜻을 바꾸지도 않으며, 어떤 위협에도
굴복하지 않습니다. 강한 의지를 이길 수 있는 것은 없습니다."

子曰 三軍可奪帥也 匹夫不可
奪志也

잘못을 알고도 고치지 않는 게 잘못이다

子曰 過而不改 是謂過矣
자 왈 과 이 불 개 시 위 과 의

- <위령공> 29장

過(지날 과): 지나다, 초월하다, 낫다, 빠져나가다　謂(이를 위): 일컫다, 알리다, 설명하다, 생각하다

공자께서 말씀하셨다. "잘못을 저지르고도 고치지 않는다면 이것이 바로 잘못이다."

 "잘못을 알고도 고치지 않으면 잘못이듯 시간이 없다는 핑계
또한 가장 그럴듯한 핑계입니다. 언제까지 핑계만 대며 살겠습니까?"

子曰 過而不改 是謂過矣

덕이 있으면 외롭지 않다

子曰 德不孤 必有隣
자 왈 덕 불 고 필 유 린

- <이인> 25장

德(덕 덕): 덕, 어진 이 孤(외로울 고): 외롭다, 홀로, 고아 隣(이웃 린): 이웃, 돕다, 이웃하다

공자께서 말씀하셨다. "덕이 있는 사람은 반드시 이웃이 있어 외롭지 않다."

 "좋은 이웃을 얻는 방법은 이웃에게 있는 게 아니라 나에게 있습니다.
외로웠던 과거를 외롭지 않은 미래로 바꾸는 방법은
나의 마음에 있습니다."

子曰 德不孤 必有隣

어려운 일은 먼저 하고 얻는 건 뒤로 하라

樊遲問知 子曰 務民之義 敬鬼
번 지 문 지 자 왈 무 민 지 의 경 귀

神而遠之 可謂知矣 問仁 曰
신 이 원 지 가 위 지 의 문 인 왈

仁者先難而後獲 可謂仁矣
인 자 선 난 이 후 획 가 위 인 의

- <옹야> 20장

樊(울타리 번): 울타리 遲(늦을 지): 늦다, 기다리다, 시기를 놓치다

번지가 지혜를 물었을 때 공자께서 "백성들이 의로움에 이를 수 있도록 힘쓰고, 귀신을 공경하되 그를 멀리한다면 지혜롭다고 할 수 있다" 하고, 인에 대해 물었을 때 "어려움을 먼저 하고, 얻는 것을 뒤로 한다면 어질다고 할 수 있다"라고 하셨다.

"어려운 일을 나서서 하고 싶어 하는 사람은 없습니다. 확실한 보상도 없는 일에 선뜻 나서는 사람은 더욱 없습니다. 하지만 누군가 그 어려운 일을 해야 세상은 살기 좋은 곳이 될 것입니다."

樊遲問知 子曰 務民之義 敬鬼
神而遠之 可謂知矣 問仁 曰
仁者先難而後獲 可謂仁矣

공자는 리더의 모습을 내면의 바탕이 외면의 꾸밈을 이기면
촌스럽고, 외면의 꾸밈이 내면의 바탕을 이기면 번지레하다
고 설명합니다.

자신의 실력을 믿고 무례와 오만을 일삼는 자가 있는가 하면,
외모의 화려함을 내면이 받쳐 주지 못하는 자도 있습니다. 실
력은 천재인데 행색이 초라한 사람이 있고, 행색은 영화배우
급인데 실력은 형편없는 사람이 있습니다.

사람은 외면보다 내면이 중요하지만 내면의 아름다움에 적절한 외면을 갖춘다면, 이자가 바로 진짜 리더입니다. 외양 디자인도 아름답고 내부 기능도 뛰어난 제품이 진짜 명품이듯 말입니다.

-《오십에 읽는 논어》 중에서

리더의 바른 생각을 위한 시

子曰 詩三百 一言以蔽之 曰思
자 왈   시 삼 백   일 언 이 폐 지   왈 사

無邪
무 사

- <위정> 2장

蔽(덮을 폐): 덮다, 싸다, 숨기다, 막다, 속이다　邪(간사할 사): 간사하다, 어긋나다, 치우치다

공자께서 말씀하셨다. "시경의 시 삼백 편을 한마디로 말하자면 생각에 사함이 없다고 하겠다."

 "리더들의 생각에 사특함이 없도록 하기 위해 공자는 《시경》을 지었습니다. 리더의 생각과 사상이 바르면 가정, 사회, 국가의 다양한 문제를 빠르게 해결할 수 있기 때문입니다."

子曰 詩三百 一言以蔽之 曰思
無邪

인생의 후반은 어떻게 살 것인가

子曰 盍各言爾志 子路曰 願車
자왈 합각언이지 자로왈 원거

馬衣輕裘 與朋友共 敝之而無
마의경구 여붕우공 폐지이무

憾 無施勞 子曰 老者安之 朋
감 무시로 자왈 노자안지 붕

友信之 少者懷之
우신지 소자회지

- <공야장> 25장

盍(덮을 합): 덮다, 합하다 爾(너 이): 너, 그, 그리하여 裘(갖옷 구): 가죽 옷 憾(한할 감): 원한, 원한을 갖다

공자께서 "너희들의 뜻을 각자 말해 보거라"라고 하셨다. 자로가 말했다. "수레와 말과 옷과 가벼운 갖옷을 친구들과 함께 쓰다가 다 낡아져도 유감이 없습니다." 안연이 말했다. "선행을 자랑하지 않고, 수고로운 일을 남에게 맡기지 않고자 합니다." 공자께서 말씀하셨다. "노인들을 편안하게 해 주고, 친구들은 신의를 지키게 하고, 젊은이들은 품어 주고 싶다."

🌀 "어떻게 살 것인가의 명제가 주는 의미는 무겁지만 사람들의 삶은 무겁지 않습니다. 모두가 훌륭한 삶을 살지는 못합니다. 각자의 위치에서 중요하다고 생각되는 가치를 따라 살아가면 되는 것입니다."

子曰 盍各言爾志 子路曰 願車
馬衣輕裘 與朋友共 敝之而無
憾 無施勞 子曰 老者安之 朋
友信之 少者懷之

지혜로운 사람과 어진 사람의 삶

子曰 知者樂水 仁者樂山 知者
자 왈 지 자 요 수 인 자 요 산 지 자

動 仁者靜 知者樂 仁者壽
동 인 자 정 지 자 락 인 자 수

- <옹야> 21장

靜(고요할 정): 고요하다, 맑다 壽(목숨 수): 목숨, 수명, 장수, 오래 살다

공자께서 말씀하셨다. "지자는 물을 좋아하고, 인자는 산을 좋아한다. 지자는 동적이고, 인자는 정적이다. 지자는 즐겁게 살고, 인자는 오래 산다."

 "물은 쉼 없이 움직이고, 산은 고요히 많은 것을 포용하는 것처럼,
지혜로운 사람은 배우기를 좋아하여 끊임없이 움직이고,
인자한 사람은 고요하게 모든 것을 포용하며 삽니다."

子曰 知者樂水 仁者樂山 知者
動 仁者靜 知者樂 仁者壽

잘난 이도 못난 이도 모두 스승이다

子曰 三人行 必有我師焉 擇其
자왈 삼인행 필유아사언 택기

善者而從之 其不善者而改之
선자이종지 기불선자이개지

- <술이> 21장

焉(어찌 언): 말을 맺는 말　擇(가릴 택): 가리다　其(그 기): 그것

공자께서 말씀하셨다. "세 사람이 길을 가면 그중에 반드시 나의 스승이 있다. 그중 선한 자에게선 선함을 따르고, 선하지 못한 사람을 보면 나를 고치면 된다."

 "세상 사람들 모두가 나에게 선생이 될 수 있습니다.
잘난 사람에게선 잘남을 배우고, 못난 행동을 하는 사람을 보면
그를 반면교사 삼아 나를 고치면 됩니다."

子曰 三人行 必有我師焉 擇其
善者而從之 其不善者而改之

역할에 맞게 살아야 흔들리지 않는다

齊景公問政於孔子 孔子對曰
제 경 공 문 정 어 공 자 　 공 자 대 왈

君君臣臣 父父子子
군 군 신 신 　 부 부 자 자

- <안연> 11장

政(정사 정): 나라를 다스리는 일, 부정을 바로잡다

제나라 경공이 공자에게 정치에 관하여 묻자 공자께서 대답하셨다. "임금은 임금답고, 신하는 신하다우며, 아버지는 아버지답고, 아들은 아들다워야 한다."

 "각자 맡은 역할에 맞게 살아야 각자 있는 곳이 흔들리지 않습니다."

齊景公問政於孔子 孔子對曰
君君臣臣 父父子子

오십을 채워 줄 논어 한 줄

● 51수

子曰 益者三友 損者三友 友直 友諒 友多聞 益
자 왈 익 자 삼 우 손 자 삼 우 우 직 우 량 우 다 문 익

矣 友便辟 友善柔 友便佞 損矣
의 우 편 벽 우 선 유 우 편 녕 손 의

- <계씨> 4장

공자께서 말씀하셨다. "이로움을 주는 것에 세 가지 사귐이 있고, 해로움을 주는 것에 세 가지 사귐이 있다. 정직한 사람과 사귀고, 진실한 사람과 사귀며, 많이 듣고 아는 사람과 사귀면 유익하다. 아첨하며 비위 맞추는 사람과 사귀고 줏대 없이 굽실대며 복종하는 사람과 사귀며 아첨하고 말 잘하는 사람과 사귀면 해롭다."

子曰 益者三友 損者三友 友直 友諒 友多聞 益
矣 友便辟 友善柔 友便佞 損矣

子曰 聽訟吾猶人也 必也使無訟乎
자 왈 청 송 오 유 인 야 필 야 사 무 송 호

- <안연> 13장

공자께서 말씀하셨다. "송사를 듣고 처리하는 일은 나도 남과 같다. 하지만 나는 반드시 송사를 없게 하려고 한다."

子曰 聽訟吾猶人也 必也使無訟乎

子曰 君子博學於文 約之以禮 亦可以弗畔矣夫
자 왈 군 자 박 학 어 문 약 지 이 례 역 가 이 불 반 의 부

- <옹야> 25장

공자께서 말씀하셨다. "군자가 글을 널리 배우고 예로써 요약한다면 또한 도에 어긋나지 않을 것이다."

子曰 君子博學於文 約之以禮 亦可以弗畔矣夫

子曰 辭達而已矣
자 왈 사 달 이 이 의

- <위령공> 40장

공자께서 말씀하셨다. "말은 전달하면 그뿐이다."

子曰 辭達而已矣

子曰 不在其位 不謀其政
자 왈 부 재 기 위 불 모 기 정

- <태백> 14장

공자께서 말씀하셨다. "그 자리에 있지 않으면 그와 관련된 정사를 도모하지 않아야 한다."

子曰 不在其位 不謀其政

子曰 君子不重則不威 學則不固 主忠信 無友
자왈 군자부중즉불위 학즉불고 주충신 무우

不如己者 過則勿憚改
불여기자 과즉물탄개

- <학이> 8장

공자께서 말씀하셨다. "군자가 신중하지 않으면 위엄이 없으니, 학문도 견고하지 못하다. 충신을 중시하며, 자기보다 못난 자를 벗삼으려 하지 말고, 허물이 있으면 고치기를 꺼리지 말아야 한다."

子曰 君子不重則不威 學則不固 主忠信 無友
不如己者 過則勿憚改

子曰 道之以政 齊之以刑 民免而無恥 道之以
자왈 도지이정 제지이형 민면이무치 도지이

德 齊之以禮 有恥且格
덕 제지이례 유치차격

- <위정> 3장

공자께서 말씀하셨다. "정치적 법령으로 이끌고 형벌로 다스리면 백성들은 형벌을 면하기만 할 뿐, 부끄러움을 모르게 된다. 덕으로 이끌고 예로써 다스리면 백성들은 부끄러움을 알뿐만 아니라 감격할 것이다."

子曰 道之以政 齊之以刑 民免而無恥 道之以
德 齊之以禮 有恥且格

子曰 君子矜而不爭 群而不黨
자 왈 군 자 궁 이 불 쟁 군 이 부 당

- <위령공> 21장

공자께서 말씀하셨다. "군자는 긍지를 갖되 다투지 않고, 무리 짓되 파벌을 만들지 않는다."

子曰 君子矜而不爭 群而不黨

子曰 君子和而不同 小人同而不和
자 왈 군 자 화 이 부 동 소 인 동 이 불 화

- <자로> 23장

공자께서 말씀하셨다. "군자는 조화를 이루지만 같아지지는 않고, 소인은 같아지지만 조화를 이루지는 못한다."

子曰 君子和而不同 小人同而不和

子曰 君子泰而不驕 小人驕而不泰
자 왈 군 자 태 이 불 교 소 인 교 이 불 태

- <자로> 26장

공자께서 말씀하셨다. "군자는 태연하되 교만하지 않고, 소인은 교만하되 태연하지 못하다.

子曰 君子泰而不驕 小人驕而不泰

인생이 보이기
시작할 때 쓸 것

성숙
成熟

인생에는 궁금한 것이 너무 많습니다. 산전수전 공중전까지 겪은 나이 오십이면, 인생이 뭔지, 사람이 뭔지, 사랑이 뭔지를 알 만도 한데, 그게 만만치 않습니다. 욕먹는 게 싫으면 욕하지 말아야 하는데 마음처럼 되지 않습니다. 변화해야 기회가 온다는 것을 모르는 바도 아닌데 변화가 그토록 어렵습니다. 한 번을 들어도 명확하고 분명하게 들어야 나중에 딴소리를 안 하는데도, 듣는 일 하나도 그렇게 어렵습니다.

가치가 있는 일이 무엇인지 알면서도, 핑계를 대는 자신을 너무 자주 만나게 됩니다. 배움은 죽어야 끝나는 일임에도 실천하지 않고, 이미 오래전에 배움의 끈을 놓아버렸음을 안타까워하기도 합니다. 나이 오십에 만난 인생은 어느 것 하나 만만한 게 없습니다.

수천 년이 지나도 변하지 않는 사람을 얻는 비결이 있다면 그것은 무엇일까요? 어떤 가치 있는 하나를 선택한다는 것은 나머지 아흔아홉 개를 포기한다는 말과 같다는데 정말일까요? 나이 지천명에 과연 무엇을 해야 할까요? 잘하기도 하고 좋아하기도 하며 종국에 즐기기까지 가능한 그런 일을 하고 싶지만 그런 일이 정말 있기나 할까요?

다산 정약용 선생은 유배지에서 아들에게 편지를 보냈는데, 편지에 양서의 글을 베껴 쓰는 초서(抄書)의 장점에 대해 많은 말씀을 하셨습니다. 쓰기는 그냥 쓰기가 아닙니다. 쓰면서 생각하고, 생각하면서 몸으로 익혀가는 과정입니다. 다른 사람의 것을 내 것으로 만드는 가장 효과적인 학습 방법입니다.

내가 싫어하는 것은 타인도 싫어한다

子貢問曰 有一言而可以終身
자 공 문 왈 유 일 언 이 가 이 종 신

行之者乎 子曰 其恕乎 己所不
행 지 자 호 자 왈 기 서 호 기 소 불

欲勿施於人
욕 물 시 어 인

- <위령공> 23장

恕(용서할 서): 용서하다, 헤아려 동정하다 施(베풀 시): 베풀다, 퍼지다

자공이 물었다. "평생토록 실천할 만한 한마디 말이 있습니까?" 공자께서 말씀하셨다. "그것은 '서'라는 말이다. 자기가 바라지 않는 것은 남에게 베풀지 않는 것이다."

 "서는 여심如心입니다. 너와 나의 마음이 같아지는 게 서입니다.
오십이라고 해서 여심이 생기지 않지만 조금 더 성숙한
인생 후반과 행복한 삶을 위해 필요한 마음임에는 분명합니다."

子貢問曰 有一言而可以終身
行之者乎 子曰 其恕乎 己所不
欲勿施於人

어떤 조건에서도 변화를 끌어내는 사람

子曰 君子不器
자 왈 군 자 불 기

- <위정> 12장

器(그릇 기): 그릇, 접시, 도구

공자께서 말씀하셨다. "군자는 그릇이 아니다."

 "군자는 그 쓰임새가 한정된 그릇과 같은 사람이 아닙니다.
어떤 조건에서도 변화를 끌어내는 사람이 바로 군자, 리더입니다."

子曰 君子不器

인생 2막을 위한 9가지 생각

子曰 君子有九思 視思明 聽思
자 왈 군 자 유 구 사 시 사 명 청 사

聰 色思溫 貌思恭 言思忠 事
총 색 사 온 모 사 공 언 사 충 사

思敬 疑思問 忿思難 見得思義
사 경 의 사 문 분 사 난 견 득 사 의

- <계씨> 10장

聰(귀 밝을 총): 귀 밝다, 총명하다 貌(모양 모): 모양, 얼굴, 안면, 자태

공자께서 말씀하셨다. "군자는 아홉 가지 생각을 해야 한다. 볼 때는 밝음을 생각하고, 들을 때는 총명함을 생각하고, 안색에는 온화함을 생각하고, 용모에서는 공손함을 생각하고, 말을 할 때는 진실함을 생각하고, 일할 때는 공경함을 생각하고, 의문이 생기면 질문을 생각하고, 화가 날 때는 그 후에 닥칠 어려움을 생각하고, 이득을 볼 때는 의를 생각해야 한다."

 "공자의 9가지 생각을 몸에 달고 살아야
진정한 군자, 리더입니다."

子曰 君子有九思 視思明 聽思
聰 色思溫 貌思恭 言思忠 事
思敬 疑思問 忿思難 見得思義

후회와 아쉬움의 고리를 끊는 법

唐棣之華 偏其反而 豈不爾思
당 체 지 화　편 기 반 이　기 불 이 사

室是遠而 子曰 未之思也 夫何
실 시 원 이　자 왈　미 지 사 야　부 하

遠之有
원 지 유

- <자한> 30장

華(빛날 화): 빛나다, 화려하다, 꽃, 광채　偏(치우칠 편): 치우치다, 편중되다, 나부끼다　是(옳을 시): 옳다, 이다, 이것, 그러므로, 진실로

당체꽃이 한쪽으로 기울어져 있네! 어찌 그대를 생각하지 않겠냐마는 집이 멀리 있구나. 공자께서 말씀하셨다. "생각하지 않은 것이지, 어찌 멀게 있겠는가?"

"마음이 간절하면 못할 게 없습니다. 핑계를 멈추고 생각해야 합니다. 지금 바쁘다고 오십을 넘기면 육십에는 후회할지도 모릅니다."

唐棣之華 偏其反而 豈不爾思
室是遠而 子曰 未之思也 夫何
遠之有

나만큼 배우기를 좋아하는 이는 없다

子曰 十室之邑 必有忠信如丘
자 왈 십 실 지 읍 필 유 충 신 여 구

者焉 不如丘之好學也
자 언 불 여 구 지 호 학 야

- <공야장> 27장

室(집 실): 집, 건물, 방　焉(어찌 언): 어찌 언

공자께서 말씀하셨다. "열 집이 모여 사는 작은 마을에도 반드시 나만큼의 성실하고 믿음직한 사람은 있겠지만, 나만큼 배우기를 좋아하는 사람은 없을 것이다."

 "오십에는 공자와 같은 배움은 필요합니다. 작게는 잡학부터
크게는 강점 강화를 위한 강학까지 필요합니다.
인생 후반을 빛낼 나만의 브랜드를 만들 전략적 배움이 필요합니다."

子曰 十室之邑 必有忠信如丘
者焉 不如丘之好學也

밀려온 삶에서 밀어 가는 삶으로

子曰 不憤不啓 不悱不發 擧一
자왈 불분불계 불비불발 거일

隅不以三隅反 則不復也
우불이삼우반 즉불부야

- <술이> 8장

憤(결낼 분): 분노하다, 번민하다, 힘쓰다, 분발하다 啓(열 계): 일깨우다, 아뢰다 悱(표현못할 비): 표현 못하다, 표현하려 하다, 슬프다 隅(모퉁이 우): 모퉁이, 귀퉁이, 구석

공자께서 말씀하셨다. "답답해하지 않으면 일깨워 주지 않았고, 표현하려 애쓰지 않으면 밝혀 주지 않았다. 하나를 가르쳐 주었을 때 스스로 세 가지를 알아내지 않으면 반복해 가르치지 않았다."

 "질문하지 않으면 답을 들을 수 없습니다."

子曰 不憤不啓 不悱不發 擧一
隅不以三隅反 則不復也

《논어》는 제자의 질문으로 시작하여 공자의 대답으로 마무리됩니다. 질문하지 않으면 답을 들을 수 없습니다. 제자들은 질문하면서 이미 반을 배우고 대답을 들으면서 나머지 반을 익혀, 학습이 완벽하게 됩니다. 그러니 하나를 가르쳐 주고 나머지 세 개는 스스로 알아서 찾는 자세가 보이지 않으면, 공자는 제자를 다시 가르치지 않았던 것입니다.

주도적인 교육이 아닌 주입식 교육을 받고 자란 세대는 오십은 되어야 주체적인 삶이 가능해지는 것 같습니다. 떠밀려 도착하는 곳보다는 가고 싶은 곳에 도착하는 게 주도적인 삶입니다.

오십은 주도적인 인생으로 터닝하기에 좋은 때입니다. 오십은 타인의 삶에서 내 삶으로의 노선 변경이 가능한 때입니다. 오십은 누구의 눈치를 볼 일도, 볼 필요도 없습니다. 이제는 자기 자신만을 생각해도 욕먹지 않을 나이입니다. 지금까지 '나' 아닌 '당신'을 위해 살았다면, 이제부터는 당신 아닌 나를 위한 삶이어야 합니다.

-《오십에 읽는 논어》중에서

잘못을 받아들이고 자책할 줄 아는 사람

子曰 已矣乎 吾未見能見其過
자 왈 이 의 호 오 미 견 능 견 기 과

而內自訟者也
이 내 자 송 자 야

- <공야장> 26장

能(능할 능): 능하다, 잘하다 訟(송사할 송): 시비를 다투다, 재물을 다루다

공자께서 말씀하셨다. "끝났구나! 나는 아직도 자기의 잘못을 발견해서 안으로 자책하는 사람을 보지 못했다."

 "조금 더 겸손해지라는 공자의 조언입니다.
자신의 잘못을 되돌아보고 담담히 미래를 그려 보세요."

子曰 已矣乎 吾未見能見其過
而內自訟者也

멈추지 않고 묵묵히 전진하는 일

子謂顏淵曰 惜乎 吾見其進也
자 위 안 연 왈 석 호 오 견 기 진 야

未見其止也
미 견 기 지 야

- <자한> 20장

惜(아낄 석): 아까워하다, 가엽다　進(나아갈 진): 전진하다, 이기다, 움직이다, 벼슬하다

공자께서 안연에 대해 말씀하셨다. "애석하구나! 나는 그가 앞으로 나아가는 것은
보았지만 멈추는 것은 보지 못했다."

　"암흑 같은 어둠 속에서 희미한 빛조차 없는 최악의 상황에도
앞으로 나아가는 사람이 리더입니다."

子謂顏淵曰 惜乎 吾見其進也
未見其止也

알고 좋아하고 즐기기까지

子曰 知之者不如好之者 好之
자왈 지 지 자 불 여 호 지 자 호 지

者不如樂之者
자 불 여 락 지 자

- <옹야> 18장

好(좋을 호): 좋아하다

공자께서 말씀하셨다. "아는 자는 좋아하는 자만 못하고, 좋아하는 자는 즐기는 자
만 못하다."

 "지금부터 가슴 뛰는 삶을 만들어 가는 것은,
시간의 문제도 건강의 문제도 아닌 바로 지천명의 과제입니다."

子曰 知之者不如好之者 好之
者不如樂之者

혼자만의 삶에서 함께하는 삶으로

子曰 君子周而不比 小人比而
자 왈 군 자 주 이 불 비 소 인 비 이

不周
부 주

- <위정> 14장

周(두루 주): 두루 미치다, 친하다 比(견줄 비): 견주다, 나란히 하다, 무리, 비율, 편들다, 아첨하여 편들다, 친밀하다

공자께서 말씀하셨다. "군자는 두루 대하며 편을 가르지 않지만, 소인은 편을 가르며 두루 대하지 못한다."

 "개인을 넘어 공공까지 생각하고 행동하는 게 쉬운 일은 아닙니다. 그렇기에 더욱 가치 있는 일입니다."

子曰 君子周而不比 小人比而
不周

오십을 채워 줄 논어 한 줄

•71수

子曰 飯疏食飲水 曲肱而枕之 樂亦在其中矣
자왈 반소사음수 곡굉이침지 낙여재기중의

不義而富且貴 於我如浮雲
불의이부차귀 어아여부운

- <술이> 15장

공자께서 말씀하셨다. "거친 밥을 먹고 물을 마시며 팔을 굽혀 베더라도 즐거움 또한 그 가운데 있으니, 의롭지 못하면서 부하고 또 귀함은 나에게 있어 뜬구름과 같으니라."

子曰 飯疏食飲水 曲肱而枕之 樂亦在其中矣
不義而富且貴 於我如浮雲

•72수

子曰 志於道 據於德 依於仁 游於藝
자왈 지어도 거어덕 의어인 유어예

- <술이> 6장

공자께서 말씀하셨다. "도에 뜻을 두며, 덕을 굳게 지키며, 인에 의지하며, 예에 노닐어야 한다."

子曰 志於道 據於德 依於仁 游於藝

•73수

子曰 忠告而善道之 不可則止 毋自辱焉
자 왈 충 고 이 선 도 지 불 가 즉 지 무 자 욕 언

- <안연> 23장

공자께서 말씀하셨다. "충심으로 깨우쳐 주고 잘 이끌되 불가능하면 그만두어서 스스로 욕보는 일은 없어야 한다."

子曰 忠告而善道之 不可則止 毋自辱焉

•74수

子曰 君子謀道不謀食 耕也 餒在其中矣 學也
자 왈 군 자 모 도 불 모 식 경 야 뇌 재 기 중 의 학 야
祿在其中矣 君子憂道不憂貧
록 재 기 중 의 군 자 우 도 불 우 빈

- <위령공> 31장

공자께서 말씀하셨다. "군자는 도를 도모하고 밥을 도모하지 않는다. 밭을 갊에 굶주림이 그 가운데에 있고, 학문을 함에 녹이 그 가운데 있는 것이니, 군자는 도를 걱정하고 가난함을 걱정하지 않는다."

子曰 君子謀道不謀食 耕也 餒在其中矣 學也
禄在其中矣 君子憂道不憂貧

•75수

子曰 可與言 而不與之言 失人 不可與言 而與
자왈 가여언 이불여지언 실인 불가여언 이여
之言 失言 知者不失人 亦不失言
지언 실언 지자불실인 역불실언

- <위령공> 7장

공자께서 말씀하셨다. "더불어 말할 만한데도 더불어 말하지 않으면 사람을 잃는 것이요, 더불어 말한 만하지 못한데도 더불어 말한다면 말을 잃는 것이니, 지혜로운 자는 사람을 잃지 아니하며 또한 말을 잃지 않는다."

子曰 可與言 而不與之言 失人 不可與言 而與
之言 失言 知者不失人 亦不失言

子曰 君子懷德 小人懷土 君子懷刑 小人懷惠
자 왈 군 자 회 덕 소 인 회 사 군 자 회 형 소 인 회 혜

- <이인> 11장

공자께서 말씀하셨다. "군자는 덕을 가슴에 품고 소인은 처하는 곳을 품으며, 군자는 형법을 생각하고 소인은 은혜를 생각한다."

子曰 君子懷德 小人懷土 君子懷刑 小人懷惠

子曰 興於詩 立於禮 成於樂
자 왈 홍 어 시 입 어 례 성 어 악

- <태백> 8장

공자께서 말씀하셨다. "시에서 감흥을 일으키고 예에서 세우며, 악에서 완성한다."

子曰 興於詩 立於禮 成於樂

子曰 貧而無怨難 富而無驕易
자 왈 빈 이 무 원 난 부 이 무 교 이

- <헌문> 11장

공자께서 말씀하셨다. "가난하면서 원망하지 않기는 어렵고, 부자이면서 교만하지 않기는 쉽다."

子曰 貧而無怨難 富而無驕易

子曰 不患人之不己知 患其不能也
자 왈 불 환 인 지 불 기 지 환 기 불 능 야

- <헌문> 32장

공자께서 말씀하셨다. "남이 나를 알아주지 못함을 걱정하지 말고, 자신의 능력이 없음을 걱정해야 한다."

子曰 不患人之不己知 患其不能也

• 80수

子曰 上好禮則民易使也
자 왈 상 호 례 즉 민 이 사 야

- <헌문> 44장

공자께서 말씀하셨다. "군자는 태연하되 교만하지 않고, 소인은 교만하되 태연하지 못하다."

子曰 上好禮則民易使也

4강   인생이 보이기 시작할 때 쓸 것 ___ 133

꾸준한 필사가
기적을 만든다

용기
勇氣

《논어》는 대부분의 어구가 간명(簡明)합니다. 사족이나 군더더기가 붙어 있지 않고 간단명료하기에 어디서나 쉽게 활용할 수 있습니다. 사실 우리의 인생에는 그렇게 많은 원칙이 필요하지 않습니다. 기본과 바탕이 되는 몇 개의 원칙만 있으면 됩니다. 나머지는 모두응용의 문제입니다. 예를 들어 '내 인생의 기준이 되는 3개의 기준' 또는 '선택의 흔들림으로부터 나를 다잡아 주는 2개의 기준', '용기가 필요할 때 나에게 힘이 되는 2가지 명언' 이있다면 삶이 한층 가벼워질 것입니다.

서른에 용기가 필요하듯 오십에도 용기가 필요합니다. 스물에 격려가 필요하듯 오십에도격려가 필요합니다. 공자께서는 머뭇거리던 제자에게 "제발 안 된다고 미리 선을 긋지 말라"고 했습니다. 해 보지도 않고 미리 포기하지 말라는 이 말은 2500년 전에도 필요했지만 지금도 여전히 필요합니다. 삼십에도 필요한 말이고, 오십에도 필요한 말입니다. 동양에서도 필요하고, 서양에서도 필요한 말입니다.

제발 안 된다고 미리 선을 긋지 마라

冉求曰 非不說子之道 力不足
염 구 왈 비 불 열 자 지 도 역 부 족

也 子曰 力不足者 中道而廢
야 자 왈 역 부 족 자 중 도 이 폐

今女畫
금 여 획

– <옹야> 10장

足(발 족): 충족, 충분하다　畫(그림 화/그을 획): 그림, 그리다 / 긋다, 구분하다, 고르다

염구가 "스승님의 도를 좋아하지 않는 것은 아니지만, 힘이 부족합니다"라고 하자 공자께서 "힘이 부족하다고 하는 사람은 중도에 그만두는데, 지금 너는 선을 긋고 있구나"라고 하셨다.

 "이왕 하겠다고 선택한 일이라면 '100퍼센트 된다'고
생각해야 합니다. 말로는 된다고 하면서도 마음속으로는
어렵다고 생각한다면, 그 일은 되지 않습니다."

冉求曰 非不說子之道 力不足
也 子曰 力不足者 中道而廢
今女畫

지금 당장 할 수 있는 일을 하라

季路問事鬼神 子曰 未能事人
계 로 문 사 귀 신 자 왈 미 능 사 인

焉能事鬼 曰 敢問死 曰 未知
언 능 사 귀 왈 감 문 사 왈 미 지

生 焉知死
생 언 지 사

- <선진> 11장

鬼(귀신 귀): 귀신, 교활하다 未(아닐 미): 아니다, 아직 ~하지 못하다, 장래

계로가 귀신 섬기는 일을 물었을 때 공자께서 말씀하셨다. "아직 사람도 제대로 섬기지 못하면서, 어찌 귀신을 섬길 수 있단 말인가?" 계로가 다시 묻기를 "감히 죽음에 관하여 묻겠습니다"라고 하여 공자께서 말씀하셨다. "삶도 잘 알지 못하는데 어찌 죽음을 알겠는가?"

 "귀신의 유무보다 더 긴급한 게 살아있는 지금 우리의 삶입니다. 당장 긴급하지도 분명하지도 않은 문제를 가지고 시간을 낭비하지 말고 현재의 삶에 더 집중하고 노력하는 게 낫습니다."

季路問事鬼神 子曰 未能事人
焉能事鬼 曰 敢問死 曰 未知
生 焉知死

간절함과 두려움으로 공부하라

子曰 學如不及 猶恐失之
자 왈 학 여 불 급 유 공 실 지

- <태백> 17장

如(같을 여): 같다, 같게 하다, ~와 같다, 만약 ~라면, 혹은 猶(오히려 유): 오히려, 다만, 차라리, 만약, ~부터

공자께서 말씀하셨다. "학문은 마치 미치지 못할 것 같은 갈급한 마음으로 배움에 임해야 하며, 배운 것을 잃어버릴까 두려워하듯 배움에 임해야 한다."

"꽃이 시들어 가는 건, 꽃이 아름답지 않아서가 아니라
물이 부족하기 때문입니다. 간절함을 가지고 뜨거운 삶의 시간을
보내고 싶은 마음이 오십에게 필요합니다."

子曰 學如不及 猶恐失之

반복하는 습관에만 기적이 찾아온다

子曰 性相近也 習相遠也
자 왈 성 상 근 야 습 상 원 야

- <양화> 2장

性(성품 성): 인성, 본성 習(익힐 습): 익히다, 습관이나 교육 등 후천적 환경을 말한다

공자께서 말씀하셨다. "본성은 서로 비슷하나, 익히는 것에 의해 서로 멀어진다."

"지금의 모습이 마음에 들지 않는다면 그 원인은 습習에 있습니다.
반복하여 익히고, 반복을 통해 배우고, 반복적으로 연습하고,
복습하면 그 어떤 것도 능하게 됩니다."

子曰 性相近也 習相遠也

딱 한 단계만 더 멀리 보고 생각하라

子曰 人無遠慮 必有近憂
자 왈 인 무 원 려 필 유 근 우

- <위령공> 11장

慮(생각할 려): 생각하다, 근심하다, 걱정하다 憂(근심할 우): 근심하다, 근심, 상

공자께서 말씀하셨다. "멀리 생각하지 않으면, 늘 가까이에 근심이 있다."

 "한 단계만 더 멀리 보면, 늘 가까이서 발생하는
근심 걱정 장해물을 뛰어넘을 수 있습니다."

子曰 人無遠慮 必有近憂

불편한 하루하루가 편안한 오늘을 만든다

子曰 君子上達 小人下達
자 왈 군 자 상 달 소 인 하 달

- <헌문> 23장

達(통달할 달): 다다르다, 미치다, 나오다

공자께서 말씀하셨다. "군자는 위로 통달하고, 소인은 아래로 통달한다."

 "지금까지 하루하루 불편한 인생을 살아왔다면
리더의 길을 걸어온 것이고, 하루하루 편안한 인생을 살아왔다면
보통 사람의 길을 걸어 온 것입니다."

子曰 君子上達 小人下達

공자는 공부에 임하는 자세를 두 가지로 요약했습니다. 하나는 아무리 열심히 해도 미치지 못할 것 같은 갈급한 마음입니다. 다른 하나는 한 번 배운 지식은 절대로 잃어버려선 안 된다는 마음입니다.

오십에 이르니 간절함이 안으로 파고듭니다. 간절한 인생을 살고 싶다는 욕심이 생겨납니다. 남들이야 어떻게 인생을 살아가든, 시간이 더 가기 전에 간절함을 가지고 뜨거운 삶의 시간을 보내고 싶은 마음이 들기 시작했습니다.

직업이나 일이 의미가 없어서 간절하지 않은 게 아니라, 의미 부여를 충분히 하지 않아서일 가능성이 높습니다. 비록 의무감으로 하는 일이라 해도 의미 없는 일은 없습니다. 본인만 그렇게 생각하고 있을 공산이 큽니다.

마음처럼 쉽지는 않지만, 간절히 하고 싶은 일을 찾는 방법도 가능합니다. 직업이나 경력을 바꾼다는 게 큰 결심을 요하기는 하지만, 오십에 도전해 볼 만한 일이기도 합니다. 절차탁마의 정신을 끌어낼 수 있는 간절한 일이라면 용기 내 도전해야 합니다.

-《오십에 읽는 논어》 중에서

해가 났을 때 젖은 볏짚을 말려야 한다

子曰 生而知之者上也 學而知
자 왈 생 이 지 지 자 상 야 학 이 지

之者次也 困而學之又其次也
지 자 차 야 곤 이 학 지 우 기 차 야

困而不學 民斯爲下矣
곤 이 불 학 민 사 위 하 의

- <계씨> 9장

困(곤할 곤): 지치다, 괴롭다, 부족하다 斯(이 사): 사물을 가리키는 대명사

공자께서 말씀하셨다. "나면서부터 아는 사람이 상급이고, 배워서 아는 사람이 그 다음이고, 곤경에 처해서 배우는 사람은 또 그다음이며, 곤경에 처해도 배우지 않으면 그 사람은 하급이 된다."

 "인생의 전반전은 재수가 없어 하급이었다고 해도,
아직 인생의 후반전은 아닙니다.
후반에는 등급을 올릴 수 있는 기회가 있습니다."

子曰 生而知之者上也 學而知
之者次也 困而學之又其次也
困而不學 民斯爲下矣

생각만 하고 배우지 않으면 위태롭다

子曰 學而不思則罔 思而不學
자 왈 학 이 불 사 즉 망 사 이 불 학

則殆
즉 태

- <위정> 15장

罔(그물 망): 그물, 그물질하다, 잡다 殆(위태할 태): 위태로워 하다, 해치다

공자께서 말씀하셨다. "생각 없이 배우면 얻는 게 없고, 생각만 하고 배우지 않으면 위태롭게 된다."

"오십은 공부다운 공부, 내 인생의 공부를 시작하기에
최적의 시기입니다. 생각하고 배우면서 풍요로워집니다."

子曰 學而不思則罔 思而不學
則殆

돌아보고 계획하기에 가장 적절한 나이

子曰 後生可畏 焉知來者之不
자 왈　후 생 가 외　언 지 래 자 지 불

如今也 四十五十而無聞焉 斯
여 금 야　사 십 오 십 이 무 문 언　사

亦不足畏也已
역 부 족 외 야 이

- <자한> 22장

畏(두려워할 외): 두려워하다, 협박하다, 으르다

공자께서 말씀하셨다. "후배들이 두렵나니 어떻게 장래의 그들이 오늘날의 우리만 못할 줄로 아는가. 그러나 사오십 살이 되어도 명성이 들리지 않는다면 크게 두려워할 바는 없다."

 "오십은 삶을 되돌아보고, 미래를 계획하기에 아주 적당한 때입니다. 혹여 다시는 재기할 수 없다고 생각한다면, 생각을 바꿀 때입니다."

子曰 後生可畏 焉知來者之不
如今也 四十五十而無聞焉 斯
亦不足畏也已

열정적이지 않은 사람은 방전된 배터리다

葉公問孔子於子路 子路不對
섭 공 문 공 자 어 자 로 　 자 로 불 대

子曰 女奚不曰 其爲人也 發憤
자 왈 　 여 해 불 왈 　 기 위 인 야 　 발 분

忘食 樂以忘憂 不知老之將至
망 식 　 낙 이 망 우 　 부 지 로 지 장 지

云爾
운 이

- <술이> 18장

奚(어찌 해): 어찌, 어느, 무엇 　 憤(분할 분): 분하다, 힘쓰다, 분발하다

섭공이 자로에게 공자에 관하여 물었는데 자로가 대답하지 않았다. 이에 공자께서 말씀하셨다. "너는 왜 나에 대하여 분발하면 밥 먹기를 잊고, 즐거움에 걱정을 잊으며, 늙음이 닥쳐오고 있다는 것조차 알지 못하는 그런 사람이라고 말하지 않았느냐?"

"2500년 전 공자의 시간도, 지금 우리의 시간도 모두 소중합니다.
우리가 공자처럼 될 수는 없지만, 용기를 가지고,
열정을 충전해야 할 때입니다."

葉公問孔子於子路 子路不對
子曰 女奚不曰 其爲人也 發憤
忘食 樂以忘憂 不知老之將至
云爾

오십을 채워 줄 논어 한 줄

• 91수 ———————————————————————

子曰 我非生而知之者 好古敏以求之者也
자 왈 아 비 생 이 지 지 자 호 고 민 이 구 지 자 야

- <술이> 19장

공자께서 말씀하셨다. "나는 태어나면서부터 모든 것을 아는 사람이 아니라, 옛것을 좋아하여 부지런히 공부해서 그것을 탐구한 사람이다."

子曰 我非生而知之者 好古敏以求之者也

————————————————————————————————

————————————————————————————————

————————————————————————————————

• 92수 ———————————————————————

子曰 吾嘗終日不食 終夜不寢 以思 無益 不如
자 왈 오 상 종 일 불 식 종 야 불 침 이 사 무 익 불 여

學也
학 야

- <위령공> 30장

공자께서 말씀하셨다. "내 일찍이 종일토록 밥을 먹지 않으며 밤새도록 잠을 자지 않고서 생각하니, 유익함이 없었다. 배우는 것만 같지 못하였다."

子曰 吾嘗終日不食 終夜不寢 以思 無益 不如
學也

• **93수**

子曰 道不同 不相爲謀
자 왈 도 부 동 불 상 위 모

- <위령공> 39장

공자께서 말씀하셨다. "도가 같지 않으면 서로 도모하지 말아야 한다."

子曰 道不同 不相爲謀

• **94수**

子曰 君子欲訥於言 而敏於行
자 왈 군 자 욕 눌 어 언 이 민 어 행

- <이인> 24장

공자께서 말씀하셨다. "군자는 말은 어눌하게 하고, 실행에는 민첩해야 한다."

子曰 君子欲訥於言 而敏於行

•95수

子曰 不得中行而與之 必也狂狷乎 狂者進取
자왈 부득중행이여지 필야광견호 광자진취
狷者有所不爲也
견자유소불위야

- <자로> 21장

공자께서 말씀하셨다. "바른 길을 실천하는 사람과 함께할 수 없다면 반드시 꿈이 큰 사람이나 고집스런 사람과 함께할 것이다. 꿈이 큰 사람은 진취적이고 고집스런 사람은 하지 않는 바가 있기 때문이다."

子曰 不得中行而與之 必也狂狷乎 狂者進取
狷者有所不爲也

子曰 知者不惑 仁者不憂 勇者不懼
자 왈 지 지 불 혹 인 자 불 우 용 자 불 구

- <자한> 28장

공자께서 말씀하셨다. "지혜로운 자는 의혹하지 않고, 인자는 근심하지 않고, 용맹한 자는 두려워
하지 않는다."

子曰 知者不惑 仁者不憂 勇者不懼

子曰 見義不爲 無勇也
자 왈 견 의 불 위 무 용 야

- <위정> 24장

공자께서 말씀하셨다. "의로운 것을 보고 실천하지 않는 것은 용기가 없는 것이다."

子曰 見義不爲 無勇也

定公問 君事臣 臣事君 如之何 孔子對曰 君使
정공문 군사신 신사군 여지하 공자대왈 군사

臣 以禮 臣事君以忠
신 이례 신사군이충

- <팔일> 19장

정공이 묻기를 "임금이 신하를 부리며, 신하가 임금을 섬김에 어찌 해야 합니까?" 하자, 공자께서 대답하셨다. "임금은 신하를 부리기를 예로써 하고, 신하는 임금을 섬기기를 충성으로써 한다."

定公問 君事臣 臣事君 如之何 孔子對曰 君使
臣 以禮 臣事君以忠

子貢曰 貧而無諂 富而無驕 何如 子曰 可也 未
자공왈 빈이무첨 부이무교 하여 자왈 가야 미

若貧而樂 富而好禮者也 子貢曰 詩云 如切如
약빈이락 부이호례자야 자공왈 시운 여절여

磋 如琢如磨 其斯之謂與
차 여탁여마 기사지위여

- <학이> 15장

자공이 말했다. "가난해도 아첨하지 않고 부유해도 교만하지 않다면 어떻습니까?" 공자께서 말씀 하셨다. "그것도 괜찮지만 가난하면서도 도를 즐기고 부유하면서도 예를 좋아하는 것보다는 못하다." 자공이 말했다. "시경에 '자르고, 갈고, 쪼고, 문지른다' 하였는데 이를 두고 한 말인가 봅니다."

子貢曰 貧而無諂 富而無驕 何如 子曰 可也 未
若貧而樂 富而好禮者也 子貢曰 詩云 如切如
磋 如琢如磨 其斯之謂與

子曰 自行束脩以上 吾未嘗無誨焉
자 왈 자 행 속 수 이 상 오 미 상 무 회 언

- <술이> 7장

공자께서 말씀하셨다. "자기를 반성하고 단속하면서 더 나은 배움의 길로 나가고자 하는 사람이
라면 내 일찍이 가르쳐 주지 않은 적이 없었다."

子曰 自行束脩以上 吾未嘗無誨焉

마음으로 읽고 손으로 되새기는 공자의 말 100

오십에 쓰는 논어

© 최종엽 2022

1판 1쇄 2022년 9월 30일
1판 2쇄 2022년 11월 7일

지은이 최종엽
펴낸이 유경민 노종한
책임편집 박지혜
기획편집 유노라이프 박지혜 구혜진 **유노북스** 이현정 함초원 조혜진 **유노책주** 김세민 이지윤
기획마케팅 1팀 우현권 이상운 **2팀** 정세림 유현재 정혜윤 김승혜
디자인 남다희 홍진기
기획관리 차은영
펴낸곳 유노콘텐츠그룹 주식회사
법인등록번호 110111-8138128
주소 서울시 마포구 월드컵로20길 5, 4층
전화 02-323-7763 **팩스** 02-323-7764 **이메일** info@uknowbooks.com

ISBN 979-11-91104-48-6(03140)